Made in the USA
Las Vegas, NV
28 November 2020

11611017R00068